666件
可写的事

创意无限的写作游戏书

李成豪——著

台海出版社

图书在版编目（CIP）数据

666件可写的事：创意无限的写作游戏书 / 李成豪
著. -- 北京：台海出版社，2022.4（2022.9重印）
ISBN 978-7-5168-3238-7

Ⅰ.①6… Ⅱ.①李… Ⅲ.①写作 Ⅳ.①H05

中国版本图书馆CIP数据核字（2022）第037044号

666 件可写的事：创意无限的写作游戏书

著　　者：李成豪	
出 版 人：蔡　旭	封面设计：红动优学
责任编辑：曹任云	

出版发行：台海出版社
地　　址：北京市东城区景山东街 20 号　邮政编码：100009
电　　话：010-64041652（发行，邮购）
传　　真：010-84045799（总编室）
网　　址：www.taimeng.org.cn/thcbs/default.htm
E－mail：thcbs@126.com

经　　销：全国各地新华书店
印　　刷：三河市骏杰印刷有限公司
本书如有破损、缺页、装订错误，请与本社联系调换

开　　本：710 毫米 × 1000 毫米　　1/16	
字　　数：176 千字	印　　张：15
版　　次：2022 年 4 月第 1 版	印　　次：2022 年 9 月第 2 次印刷
书　　号：ISBN 978-7-5168-3238-7	

定　　价：49.80 元

前　言

我们每个人都有与生俱来的表达欲望，这就是写作的动力。

但是大多数人对创作感到困惑："我要写些什么？""如何构造场景？""如何写好一个人物？"事实上，你只需放下一切顾虑，抛开一些不必要的规则、评判，从你想写的那一刻就开始写。

在这本书里，有 666 个脑洞大开的创意练习等你来完成，让你从不知如何下笔到想写、敢写、会写、爱写。书中有些练习，提醒你去关注身边的人或物；有些练习则构建了一个场景，需要你去续写故事；还有一些练习，要求你去描述某个人物的言辞、经历和梦想。

不论你是编辑、新闻从业者、新媒体运营、文案策划，还是想要写下自己故事的普通大众，具备良好的写作能力，能让你更自信地表达，更顺畅地沟通。

也许现在的你，会觉得没有灵感，于是迟迟不敢动笔。然而，想得再多都不如拿起笔来。现在不妨翻开本书，让我们在写作的路上，一起前行吧！

1. 你做过的最离谱的梦是什么?

2. 描写一下你灵魂的形状。

3. 用四个词形容你的初恋。

4. 你的人生座右铭是什么?

5. 虚构一个古代英雄人物，叙述你和他生活一天的故事。

....

....

....

....

....

6. 打开窗户往外看，你能看到什么，听到什么？

....

....

....

....

....

7. 作为美术馆的策展人，为我们描述其中的一个展览。

....

....

....

....

....

8. 你走进一家餐厅吃饭，发现角落里坐着一个你最讨厌的人。用第一人称写下你取食物和找座位时脑海中的想法。

....

....

....

....

....

....

....

....

9. 借用上述的背景，把自己想象成你最讨厌的那个人，进入他的大脑，描写他看到你进来时的想法。

....

....

....

....

....

....

....

10. 一觉醒来，发现自己回到了 2000 年的第一天，你会如何度过？

....
....
....
....
....
....
....
....

11. 把你的一生写成一部小说，书名应该叫什么？说说原因。

....
....
....
....
....
....
....
....

12. 如果牛顿来 21 世纪生活一个星期，最让他感到新奇的会是什么？

....

....

....

....

....

....

....

....

13. 给你 35 岁的好友写一则创意网络相亲文案。你的好友背景是："985"硕士，上市互联网公司中层管理人员，年薪 80 万，在大城市有房有车。

....

....

....

....

....

....

....

14. 观察你的身体部位，它们长得像什么？尝试为它们写五个明喻句。

....

....

....

....

....

15. 写一首诗，第一行是："假如我是一座小岛"。

....

....

....

....

....

16. 从你读过的文学作品中，选择一个可悲可叹的人物，简述这个人物形象。

....

....

....

....

....

17. 一个犯罪分子实施了一次公寓抢劫或一次绑架或一次谋杀。从他的视角把事件经过写出来。（三者任选其一）

18. 在马路边遇到一个号啕大哭的孩子，你认为他刚刚经历过什么?

19. 五百年后，地球毁灭了，新的物种诞生。新的物种发现了人类遗留下的最后一卷录音带，你觉得里面录了什么?

20. 以最少的字讲一个故事。

21. 列出十二种冰淇淋的味道。

22. 你去年夏天做了什么？

23. 描述一个你讨厌的人的优点。

24. 描述你家方圆一百公里之内一个好玩的地方。

....

....

....

....

....

25. 大象旅行时捡到了一盏神灯，它会许下什么心愿？

....

....

....

....

....

26. 选择任意一件物品跟你一起进入时间循环，你会选什么？会发生什么故事？

....

....

....

....

27. 为一个充满幽默感的可爱老人写一封讣告。

....

....

....

....

....

....

....

....

28. 展开想象，描述以下场景：某一天早上，你睡眼惺忪地起床，打开门，门外正站着某个名人。

....

....

....

....

....

....

....

29. 写一封给"青春"的情书。

30. 描述你撑人最爽的一次经历。

....
....
....
....
....
....

31. 你喜欢的作家或歌手是谁？他们身上有哪些吸引你的地方？

....
....
....
....
....
....

32. 死神来了，但你还不想死，你如何说服他别带走自己？

....
....
....
....
....

33. 一个 40 多岁的女人离婚了，来到一座小城重新生活。你觉得她过往的人生中发生过什么故事？

34. 描写你离死亡很近的一次经历，那时你正在想什么？

35. 令你印象深刻的电影台词是什么？

36. 你小时候撒过的最失败的谎言是什么？

37. 你的名字背后有着怎样的故事？

38. 说说你微博名的由来和故事。

39. 吐槽一下生活中那些让你深恶痛绝的设计。

40. 以"凌晨四点，我接到一个电话"为开头写一则短故事。

41. 一个从 35 层跳楼轻生的人，在半空中是否会后悔？为什么？

42. 如果为人父母也需要考试，你觉得会考哪些科目？

43. 朋友深夜来访，看起来十分颓废。之前他发生了什么？

44. 写一个你听过或亲身经历过的灵异事件，结局要出人意料。

45. 长久以来，国宝一直居住在博物馆里，一天，国宝们决定外出游历。国宝们在游历的过程中，遇见了不同的人类和动植物，收获了美好的回忆。以此为背景写一则小故事，要求国宝有独特的性格特点。

46. 描述你生活中最舒适的时刻。

47. 描述你人生中最困难的时刻。

48. 描写你待过的某个房间。

49. 你的影子看起来是什么样子的？

50. 坐在你身旁的那个人突然变成丧尸，之后会发生什么?

....

....

....

....

....

....

....

....

51. 描述未来科技界的一项重大发明以及它是如何改变世界的。

....

....

....

....

....

....

....

....

52. 分别用一首歌的名字来形容你的父亲、你的母亲和你最好的朋友。

53. 最近看的一本书的第十二页的第六句话是什么？

54. 讲一个你知道的冷知识。

55. 描写昨天做的一件小事。

56. 公司团建时，你和领导、同事被困在一座孤岛上，会发生什么？

57. 以"早上醒来，忽然发现自己转换了性别"为主题写一个故事。

58. 你吃过的最难吃的食物是什么？

59. 你吃过哪些好吃的食物？

60. 描写一家深夜酒馆。

61. 描写突如其来的闪电。

62. 写一个短篇幻想故事，内容是 15 岁的你、20 岁的你和 25 岁的你一起去游乐场。

63. 给一百年后的人类留言。

....

....

....

....

....

....

64. 现在所待的城市有哪些让你好奇的地方？描述一下这些地方。

....

....

....

....

....

....

65. 假如你可以把《山海经》里的一个生物带回家，你会选择带哪一个？
为什么？

....

....

....

....

....

66. 最让你快乐的一件事是什么？

67. 最让你遗憾的一件事是什么？

68. 你理想中的宠物具有哪些特征？

69. 爷爷奶奶的兴趣爱好是什么？

70. 回想一个你熟悉的人，列出他的性格特征。

71. 给你一次重新选择人生的机会，你想成为什么样的人？为什么？

72. 你正和你的朋友走在拥挤的街道上，然后你的朋友开始慢慢地改变形状。请描述一下，你的朋友变成了什么？接下来又发生了什么事？

73. 对于人类未来命运，你有着怎样的幻想？

....
....
....
....
....

74. 记录下你喜欢的日子，在那天发生了什么特别的事情？

....
....
....
....
....

75. 以明朝为背景，写一个短篇故事，翡翠对剧情的推动起到关键作用。

....
....
....
....
....

76. 一个独自走在街上的人正在想什么?

77. 你和同桌之间发生过最甜蜜的事情是什么?

78. 看完这行字的一瞬,家里有什么发生了?

79. 关于"荷马式英雄",你有什么理解或认识?

80. 假如你可以拥有一对翅膀，你想拥有什么样的？请用文字描述。

....

....

....

....

....

....

....

81. 只能带十块钱穿越到未来，怎样才能混得风生水起？

....

....

....

....

....

....

....

82. 描述你理想中的退休生活。

....

....

....

....

....

83. 让现在的你陪小时候的你长大，接下来会发生什么？

....

....

....

....

....

84. 一个正常人被陷害关进精神病院，他要如何证明自己没有患病？

....

....

....

....

....

85. 给读者推荐五本经典文学作品，各写一百字的推荐语。

86. 你不为人知的秘密是什么？

87. 为临期商品店写一则广告语。

88. 食物如果有思维能力，为了避免被吃掉，它会怎么做？

89. 吐槽一部你看过的最糟糕的电影。

90. 介绍陪伴你童年的三部动画片。

91. 从小到大，你被起过什么外号？它们是怎么得来的？

92. 你最喜欢妈妈做的哪一道菜？为什么？

93. 用三个词描述你的童年。

94. 你珍藏的一张照片有着怎样的故事？

....

....

....

....

....

....

95. 过年回家，面对亲戚安排的相亲，如何礼貌而不尴尬地回绝？

....

....

....

....

....

....

96. 艺术馆着火了，你会救一幅名画，还是会救一只猫？为什么？

....

....

....

....

....

....

97. 你小时候有哪些天赋长大后却消失了?

....
....
....
....
....
....
....
....

98. 学生时代喜欢的那个人, 现在怎么样了?

....
....
....
....
....
....
....
....

99. 描述你今天看到的云。

100. 描述今晚的夜色。

101. 描述自己的十个优点。

102. 描述自己的十个缺点。

103. 用鲁迅先生的口吻，写一封辞职信。

104. 当人生跌入低谷时，你会怎么办?

....

....

....

....

....

105. 请描写理性与感性、独立与羁绊之间的矛盾。

....

....

....

....

....

106. 如果你与一位艺术家一起居家隔离一个月，描述一下你们的日常。

....

....

....

....

....

107. "结婚当天，新娘反悔了。"请续写后面的故事。

108. 如果人类只能留下一块石碑，你觉得上面应该刻什么?

109. 以"现在是 2022 年,我是来自 2077 年的穿越者"为开头,写一个故事。

110. 你的墓志铭是什么?

111. 描述你家厨房里的某个物品。

112. 对你现今生活影响至深的三大发明是什么?

113. 谈谈《红楼梦》中贾宝玉的形象。

114. 以外星人的视角叙述居住在地球上的心得与体会。

115. 假如秦始皇和李世民同在一个时空，以治国谋略与军事才能为标准，
谁更胜一筹？为什么？

116. "春江潮水连海平，海上明月共潮生。"选择其中一句作为核心意象，
创作一个短故事。

117. 以"我有一种超能力"为开头，写一个故事。

118. 以一个学生的视角，谈谈对"打工人"这一称呼的感悟。

119. 你的宠物猫趴在窗户边，眼里蓄满了泪水，它在想什么？

....

....

....

....

....

....

....

....

120. 一天，老爸回来神神秘秘地告诉你，他车间值夜班的工人都在议论一件事。工人们在议论什么？

....

....

....

....

....

....

....

121. 同学聚会上，你遇到了曾经喜欢的那个人，并且对方还是单身。描述事情发展的四种可能。

122. 想象自己是某种会跑会跳的事物，清晰地描述它。

....

....

....

....

....

123. 你会隐身术，但只能隐身三天，你会做什么？

....

....

....

....

....

124. 如果可以改变身上的某一个部位，你希望这个部位是哪里？为什么？

....

....

....

....

....

125. 你想进入谁的梦境？为什么？

126. 你想回到过去改变哪件事？

127. 写一段即兴说唱词。

128. 记录一段他乡遇故知的经历。

129. 临近高考，有位同学想要放弃，怎样劝他打消这个念头？

130. 为一个很火的吐槽节目撰写一段文案，言辞要犀利。

131. 选一种最能代表你性格的动物，描述此动物。

....

....

....

....

....

....

132. 你有一天的闲暇时间，规划一下该怎么度过。

....

....

....

....

....

....

133. 假如你是一名教师，如何看待学生早恋?

....

....

....

....

....

134. 试着写一副极具创意的对联。

135. 盛赞你最爱的食物。

136. 不提雪字，描述一下雪很大的场景。

137. 列举五种特别的解压方式。

138. 向盲人描述红色。

139. 向盲人描述蓝色。

140. 向盲人描述粉色。

141. 以第三人称限知视角写一则故事，对话里要有"别再自欺欺人了，那件事你压根不后悔"。

....

....

....

....

....

142. 以"罗生门"为主题，写一个看似荒诞但又在情理之中的故事。

....

....

....

....

....

143. 如果有一天，你出现在自己最喜欢的作家笔下，你希望以什么样的形象出场？

....

....

....

....

....

144. 你希望的人生结局是什么？

145. 你最喜欢的娱乐项目是什么？

146. 电影对你而言，意味着什么？

147. 音乐对你而言，意味着什么？

148. 对平行世界的你说些什么吧。

....
....
....
....
....

149. 梦到被人追杀，追杀你的人是谁？梦里发生了什么？

....
....
....
....
....

150. 你发现自己无意间成了通缉犯，你该怎么办？

....
....
....
....
....

151. 描述一次比想象中勇敢的经历。

152. 描述一次久别重逢的经历。

153. 描述你最真实的择偶标准。

154. 记述生活中让你怦然心动的时刻。

155. 用一百五十字写一个搞笑又有深意的故事。

....

....

....

....

....

156. 他人眼中的你与真实的自己有何区别？

....

....

....

....

....

157. 金庸小说中，你最想成为哪个人物？为什么？你和这个人的差距在
哪儿？

....

....

....

....

158. 一对青年男女在火车上一见钟情，但下一站两人就要分别。男生想说服女生一起下车，他如何将自己疯狂的想法告诉女生？

159. 你是一只宠物猪，评价一下你的主人。

160. 找一处舒适的地方，观察四周，然后把你看到的和听到的东西写下来。

161. 对单恋你的人说点儿什么。

162. 描述一下你最近的学习/工作状态。

163. 下雨天你最喜欢做的事情是什么?

164. 下雪天你最喜欢做的事情是什么?

165.《西游记》里的妖怪，你最害怕哪一个？为什么？

166. 写一段文字，介绍你曾经游览过的一座公园或建筑。

167. 如果有一天，我们身边的物品会说话，生活将会变成什么样？

168. 描述你生活中经历过的小概率事件。

169. 你最喜欢的一句诗是什么？为什么？

170. 怀疑身边有人给自己投毒，但你没有证据，你该怎么办？

171. 和一群陌生人度过一个周末，你们会做些什么？

172. 你会因为什么删除社交平台上的好友？

....

....

....

....

....

173. 描述一下，到目前为止，你花过的最值得／最不值得的一笔钱。

....

....

....

....

....

174. 选择一个短篇故事，读完开篇，发挥你的想象，根据开篇情节续写故事。

....

....

....

....

....

175. 假如每个人都可以按键复活一个爱的人，你会复活谁？

176. 如果有人向你最好的朋友打听你的缺点，你认为他会怎么说？

177. 你理想中的公交车有什么功能？

178. 你的购物车里有什么？

179. 列一份清单，写下你的朋友做过什么奇奇怪怪的事。

180. 一个你绝对想不到的人要在情人节和你告白，这个人会是谁?

181. 用三种不同的方式表述"天气很冷"。

182. 以"一个心口不一的人"为主题，写一篇文章。

183. 向一个来地球访问的外星人介绍你是谁。

184. 以"轮船""海湾""风"为关键词，即兴创作一篇微小说。

185. 描写生活中的小惊喜。

186. 你会如何处理你的数字遗产？

187. 你后悔没有早点知道的道理是什么？

188. 未来五年，你的规划是什么？

189. 回到初三开学前的那个暑假，写一写发生了什么。

190. 如果你目睹校园欺凌事件，你会怎样做？

191. 不经意间，你曾看到过什么不该看到的事情？

192. 接到一个诈骗电话，你会怎么回应？写下你们之间的对话。

....

....

....

....

....

....

193. 文学作品中，让你印象深刻的结尾是什么？

....

....

....

....

....

....

194. 你认为在别人眼里，满分十分的话你能得几分，为什么？

....

....

....

....

....

....

195. 回想你与别人起的一次争论，那次你认为对方明显是错的。现在，站在对方的角度上给自己写一封信。

196. 描述一个你感兴趣的科学领域。

197. 你小时候干过最牛的事情是什么？

198. 父母当着孩子的面争吵时，孩子心里在想什么？

199. 用十种不同的方式表达"我爱你"。

200. 下午六点下班，领导下班前两分钟在群里发消息说六点半开会，而你刚好那时有个重要的约会。用五种不同的方式回复领导。

201. 身家千亿的总裁在演讲会上当众被泼水，从围观群众的角度来描述这件事。

202. 一个多年未联系的朋友突然给你发了一句"山有木兮木有枝，心悦君兮君不知"，你会用什么古诗来拒绝对方？

....

....

....

....

203. 有一天，你不经意间在你的室友枕头下发现了一把水果刀。以此为开头展开叙述。

....

....

....

....

....

204. 假如爱迪生没有发明电灯，世界将会变成什么样子？

....

....

....

....

....

205. 你喜欢的明星是谁？为什么？

206. 你喜欢的书是什么？为什么？

207. 你喜欢的电影是什么？为什么？

208. 你喜欢的植物是什么？为什么？

209. 以孩子的口吻来描述一场暴风雨。

....

....

....

....

....

....

....

....

210. 如果当初_____,你现在会怎样?（请先补全题目,然后作答）

....

....

....

....

....

....

....

....

211. 给你的灵魂伴侣写一封信。

....

....

....

....

....

....

....

....

212. 就上一封信，写一封回信。

....

....

....

....

....

....

....

....

213. 记述一下你上一次发自内心的
快乐。

214. 你最近一次哭是因为什么?

215. 描述你最惨的一次经历。

216. 一百年后的地球是什么样子的?

217. 简单描述普通人的一生。

218. 你和父母的相处模式是怎样的?

219. 哪一种味道最能代表夏天? 为什么?

220. 你做过的最愚蠢的事情是什么?

221. 一天后就是儿童节，即将小学毕业的你打算怎么度过？

222. 你最想和谁交换身份（人生）？为什么？

223. 描述你的初中班主任。

224. 描述太空。

225. 为学校 / 单位春晚创作一段相声。

226. 你在工作中犯过的最大的错误是什么？

227. 与陌生人互寄明信片，你会写什么？

228. 毕业或搬家，你最舍不得丢的东西是什么？写出保留它的理由。

229. 你正在一家餐厅吃饭，形容一下餐厅外面的天空，外面都有什么人、车经过？

230. 以"春天""玫瑰""礼物"为关键词写一个故事。

231.　如何搭讪一个文学爱好者？

232.　如何搭讪一位建筑师？

233.　如何搭讪一个摇滚爱好者？

234. 怎么快速、合法地挣到一百万元？

235. 设置一个场景，在场景中展示人物的性格特征。尝试通过对话、动作和细节来表现他们。

236. 明年的今天你会在哪里，做什么？

237. 为喜欢户外运动的"驴友"或探险者撰写一份野外求生指南。

238. 你想把什么项目加入奥运会？为什么？

239. 文学作品中，最令你印象深刻的角色是什么？描述该角色的特点。

240. 用一段文字，向一位老奶奶介绍什么是微信"朋友圈"。

241. 描述一次去游乐园时的惨痛经历。

....

....

....

....

....

....

....

....

242. 描写一个梦境，或改编一个童话故事，让它就像真实发生的一样，但是不可以出现"我突然醒来"。

....

....

....

....

....

....

....

243. 描述一下惊艳到你的中国地名。

244. 描述一下你喜欢的航天员。

245. 分享一下你的奇思妙想。

246. 描述你身边很酷的一个人。

247. 获得诺贝尔文学奖后，你的获奖感言是什么？

248. 描述你最骄傲的时刻。

249. 描述你最喜欢的综艺节目。

250. 哪一个瞬间让你觉得世事尽可原谅?

251. 如果时间多出来一天, 你最想做的事情是什么?

252. 讲一个悲伤的冷笑话，然后写进故事里。

....

....

....

....

....

253. 秋天的第一片落叶正在飘落，从落叶的角度描述它所见到的树。

....

....

....

....

254. 什么东西在某些方面会让你联想到自己？它可以是任何东西。用一两个句子描述你像什么，以及你为什么像这个东西。

....

....

....

....

....

255. 你和宠物流落街头，该如何填饱肚子？

256. 知名设计师与艺术家一起出来摆地摊，他们会卖什么？会写什么宣传语？

257. 有哪些让你感觉安全的地方？

258. 如果上帝是个女孩，会怎样？

259. 描述一件你希望永远都能穿的衣服。

260. 你会怎样描述"意难平"？

261. 设置一个场景，没有任何动作描写，只利用对话来渲染气氛。现在，一边听着喜欢的音乐，一边写下你想象的场景。

....

....

....

....

....

....

....

262. 把刚才创作的对话重新创作一次，这一次你要听着你不喜欢的音乐。看看这两次对话有什么不一样的地方。

....

....

....

....

....

....

....

263. 选择一件你童年时代印象深刻的事情，写下来。

....

....

....

....

....

....

....

....

264. 用第三人称、现在时态，改写上一条你的回忆。

....

....

....

....

....

....

....

265. 你的第一份工作是什么样的?

266. 想象一下，一个生活在几百年前的人，他闲暇时喜欢做什么?

267. 如果他被邀请来到现在参加宴会，他想吃些什么?

268. 续写《边城》，以"这个人也许永远不回来了"为结尾，续写内容和
前文风格一致。

269. 花十分钟，写出杯子与苍蝇有哪些相似的地方。

270. 哪一个瞬间让你真切地感受到科学技术给生活带来的巨大变化？

271. 林先生是一家上市公司的老总。一天清晨，他一个人在公园里锻炼身体。突然从路边的树丛中闪现出一位妙龄女子，拦住他的去路。展开你的想象，描述他们接下来的对话。（女子身份为杀手）

272. 结合自己的经历和感受，谈谈文学的作用。

273. 偶像的价值是什么?

274. 写一种糟糕的追求异性的方式。

275. 用一种水果形容你喜欢的人。

276. 给自己写一个小传。

277. 如果银行给你账户上错打了 12 亿元，你会怎么做？

278. 地球上将增加一个新物种，你觉得会是什么样的生物？

279. 你会怎样度过孤独的时刻?

280. 一个人的妻子离家出走了，留下了一封信。信里写了什么?

281. 面试中，发现面试官是自己曾经的同学，描述你们接下来的谈话。

282. 联欢晚会上临时被要求表演节目，但是你没有什么特殊才艺，你该如何化解尴尬?

283. 如何证明自己活了一万四千年？

....

....

....

....

....

284. 如果《神奇动物在哪里》的故事发生在中国，请描述一个有意思的
情节。

....

....

....

....

....

285.《红楼梦》中，最让你意难平的人物是谁？为什么？

....

....

....

....

....

286. 去年世界有哪些惊人的改变？

287. 人工智能带来的好处有哪些？

288. 描写一次让你记忆深刻的面试经历。

289. 描写一次看病的经历。

290. 给你最喜爱的作家写一封信，跟他探讨一个你关心的文学问题。

291. 印象中，你的老师做过什么让你大跌眼镜的事情？

....

....

....

....

....

292. 如果古人也有朋友圈，他们会发什么？

....

....

....

....

....

293. 描述你人生中的第一笔收入，以及用处。

....

....

....

....

....

294. 作为公司的高管，描写一下你每天的行程安排。

....

....

....

....

....

....

....

295. 有个人独自坐在公园的长椅上，这个人在想什么？

....

....

....

....

....

....

....

296. 写一段与星空的对话。

297. 描写一个刚出生的婴儿。

298. 描述你最好朋友的样子。

299. 向日葵晚上在干什么?

300. 如果植物有意识,它在想什么?

301. 脱单后你要做的第一件事是什么?

302. 如何对抗生活中的坏情绪?

303. 十年后的手机长什么样子?

304. 如果可以在一年中加一个节日，你最想设定什么节日？

....

....

....

....

....

305. 如果可以选择性别，你想成为男生还是女生？为什么？

....

....

....

....

....

306. 你手机相册里笑得最开心的那个人是谁？你们有着怎样的故事？

....

....

....

....

....

307. 你上次走进电影院是什么时候?

308. 你听过的最动人的情话是什么?

309. 你心目中的十大好片是哪些?

310. 你心目中的十大烂片是哪些?

311. 与自己同名的人相处是一种怎样的体验？

....

....

....

....

....

312. 科幻作品中有哪些颠覆你的脑洞、设定或创意，为什么？

....

....

....

....

....

313. 用三种不同的颜色来描述昨天的你、今天的你和明天的你。

....

....

....

....

....

314. 你送过或收到过什么特别的礼物?

315. 不考虑薪水、尊严和面子,你最想从事的工作是什么? 为什么?

316. 给小时候的自己打一通电话,你会说什么?

317. 扮演好一名圣诞老人需要学习什么技能？为什么？

....

....

....

....

....

....

....

318. 为你家乡冬天的风景写一个片段，抓住其主要特点。

....

....

....

....

....

....

....

319. 你是如何缓解焦虑的？

320. 描述你被动物欺负的一次经历。

321. 如果你和另一个自己相遇，会发生什么？

322. 描述最令你感动的文学片段。

323. 你单身二十年，写一封信投诉月老。

324. 如果你能够穿越到古代且有能力带一个人回来，你会选择带谁？世界会发生什么改变？

325. 你的朋友告诉你，他被困在同一天，你要怎样帮助他跳出时间循环？

326. 以讲解员的身份，向参观者介绍梵高的《星月夜》这幅作品。

327. 写下你对明年的期许。

328. 想象一下情侣第一次约会的场景，写下来。

329. 一个你讨厌的人苦苦追求你，你会怎么办？

....

....

....

....

....

330. 写出五件可能让你感到恐慌的事情。

....

....

....

....

....

331. 给新入行的同行写一封信。

....

....

....

....

....

332. 描述一个你每天见到的人。

333. 描述一个素未谋面的人。

334. 你会如何书写秋天?

335. 为你的好友写一首藏头诗。

336. 撰写一份遗嘱，内容包含有形财产清单、无形财产清单、心愿清单。

337. 你的书架上有哪些书?

338. 写下此时此刻你的内心独白。

339. 用五个关键词来讲述一个故事。

340. 你还没有原谅谁? 为什么?

341. 你是一个社交恐惧症患者，描述你的一天。

342. 成长过程中，你遇到过什么挑战？

343. 描述你最喜欢的衣服。

344. 描述你最好朋友的缺点。

345. 描述你人生中第一次打架的经历。

346. 选择一本你最近看过的书，写一篇文学评论。

347. 为一对青梅竹马的新人撰写一段结婚誓言。

....

....

....

....

....

....

348. 如果你拥有一座别墅，你认为它应当建在哪里？ 为什么？

....

....

....

....

....

....

349. 观察地铁上的人，用几句话描述他们。

....

....

....

....

....

350. 如果不结婚，你会怎样度过下半生？

351. 你是一名记者，深夜接到一个杀人犯的电话：我等了六年，想和你聊聊。记录下你们之间的对话。

352. 说到信仰，你脑海里最先闪现的是什么？你有信仰吗？

353. 写一个颠覆你认知的科学发现。

354. 用一句话描述你所在地方的四季。

355. 描述最让你感到无助的一次经历。

356. 列出你今生必做的事情。

357. 你目前最大的烦恼是什么？

358. 描述最近让你一见倾心的物品。

359. 描述你最喜欢的运动员。

360. 你家附近都有什么植物？

361. 你是公关从业者，为一位最近陷入抄袭风波的名人撰写一封公开致歉信。

....

....

....

....

362. 有一天，你家小猫突然说："主人，我要离家出走了。"反思一下你可能在哪些方面得罪了它。

....

....

....

....

363. 一个不善言辞的孩子和一个话痨小孩成了好朋友，你认为他们谁先改变谁？为什么？

....

....

....

....

364. 从你喜欢的一本书中选择一个描写性的段落（包括人物和情节），做一个无固定形式的扩展练习。

....

....

....

....

....

....

....

....

365. 假如 18 岁的你遇到了现在的你，你会对 18 岁的你说什么？

....

....

....

....

....

....

....

....

366. 一对夫妻刚刚离婚，他们再次相见时会怎么样？

....

....

....

....

....

367. 有没有一部电影或小说的结尾令你特别不满意？选择其中一段进行
分析，它为什么让你不满意？

....

....

....

....

368. 不考虑金钱，描述一下你最想去生活一个月的地方。

....

....

....

....

....

369. 撰写一篇演讲词。

370. 如果可以预知未来，你最想知道的一件事是什么？

....

....

....

....

....

371. 描写两个互相激烈反对的人物，他们的性别是什么？多大年纪？为
什么成为敌人？

....

....

....

....

372. 假如你有另外一个身份，你会做什么？

....

....

....

....

373. 在中国历史上，你觉得谁的贡献最大？说明理由。

374. 如果你是领导人，你会选择把资金投入太空探索等科研项目，还是解决贫困问题？为什么？

375. 摘抄一个让你惊艳的名著的开头。

376. 哪种疾病最让你惊恐？

377. 列出五件让你开怀大笑的事情。

378. 不加班的工作是什么样子的？

379. 描述一个生活中的顿悟时刻。

380. 描述一下你最想收到的生日礼物。

381. 生日这天,你会怎么感谢父母?

382. 吐槽一下你最无法理解的广告。

383. 如果你中了一个亿，会如何使用这笔巨额财富？

384. 你有一次与苹果公司 CEO 对话的机会，给你二十分钟，你会挖出什么独家信息？

385. 关于爱情，你想知道什么？

386. 当看见主人亲热的时候，猫在想什么？

387. 你身边的朋友会就哪些事情向你征求意见、索取建议？

388. 介绍一下你的母校。

389. 你最想穿越去哪个朝代？说明理由。

390. 描述一下上一部让你哭的电影／电视剧。

391. 描述你遇到过的奇怪室友。

392. 写下你现在的愿望、中年的愿望和老年的愿望。

393. 目前最让你期待有好结果的事情是什么？

....

....

....

....

....

394. 用一段话描述你所在的城市，不能出现地名。

....

....

....

....

395. 你现在最好的朋友是在你的哪个人生阶段认识的？你们一起做过的最快乐的事情是什么？

....

....

....

....

396. 十年后你想成为一个什么样的人？设想你要成为那样的人，需要做到的十件事情。

....

....

....

....

....

....

397. 如果能立刻学会一门技能或一种语言，你会选择什么？为什么？

....

....

....

....

....

....

....

398. 形容一下你的家庭氛围。

399. 二十四节气都有哪些？

400. 你喜欢自然界中的哪类景色？

401. 想象一个"985"学子的一生。

402. 你目之所及有哪些颜色？最喜欢哪一种？

....

....

....

....

....

403. 如果有改变历史的能力，你最想改变历史的哪个瞬间？为什么？

....

....

....

....

....

404. 69岁奶奶的日记本里写了什么？

....

....

....

....

....

405. 为你喜欢的物品写一首诗。

406. 你会给你的手指分别取什么名字?

407. 描述宇宙的尽头。

408. 描述你的前任。

409. 列举那些你需要感激的人，分别写一段感谢的话。

410. 回想一件你想做但不敢做的事情，是什么原因阻止了你?

411. 你在楼梯上或门外听到一次谈话，你听到了什么？

....

....

....

....

....

....

412. 如果你可以帮一个人实现愿望，你希望那个人是谁？那个愿望是什么？

....

....

....

....

....

413. 想象自己是一条狗，站在狗的视角写一个短篇故事。不需要是完整的故事，你想写什么就写什么，只要站在狗的角度阐述即可。

....

....

....

....

....

414. 你喜欢的第一个明星是谁？为这个人做过什么特别的事情？

415. 送一束花给平日里关心自己的朋友或者家人，写下他们的反应。

416. 列出你童年时期具有的六个特质。

....

....

....

....

....

417. 以上一个问题为背景，选择其中一个特质，描述最能体现这个特质的场景。

....

....

....

....

418. 谈到"陌上人如玉，公子世无双"，你第一个想到的人是谁?

....

....

....

....

419. 最让你恼火的事情是什么？

420. 你最无法忍受的声音是什么？

421. 以"喧嚣"为题写一首诗。

422. 写一句话献给曾经的自己。

423. 聚会上，人们都在闲聊，一个打扮得非常漂亮的女士走进了房间，其他的人会做何反应呢？记录下这些表现。

424. 如果你可以问两个问题去了解正坐在你对面的陌生人，你会问什么？

425. 乱写乱画和涂鸦究竟有什么区别？

426. 为生活中的一件小事写一首道歉的小诗。

....

....

....

....

....

427. 一个朋友曾对你做过一件很特别的事情，你当时的感受是什么？

....

....

....

....

....

428. 将勇敢、机智和诙谐这三个词融合在一个人物身上，创作一个小故事。

....

....

....

....

....

429. 描述你每天最喜欢的时刻。

430. 描述你童年时期的一段记忆。

431. 用一个词形容过去的一年，并说明为什么选这个词。

432. 你见过哪些奇奇怪怪的标语?

433. 描述你最尴尬的一次经历。

434. 自制一份健康食谱。

435. 描述你最讨厌的动漫角色。

436. 你和你的鞋子有什么故事？

437. 描述你最好的"非人类朋友"。

438. 看到落日时，你脑海里闪现的第一句歌词是什么？

439. 设定一个恶棍形象，写一个惊悚小故事。

440. 描述你百听不厌的一首歌。

441. 目前你最想去见的人是谁?

442. 你登上热搜了,是因为什么?

443. 描述你和人工智能朋友的一次聊天。

444. 你觉得自己像哪个动漫人物？为什么？

445. 写一段神秘的对白。

446. 具体描述生命中的小确幸。

447. 描述最近一个悬而未决的问题。

448. 以"我错过了一趟很重要的高铁"为开头，描写可能造成的很严重的后果。

....

....

....

....

449. 假如你见到 18 岁的妈妈，你会对她说什么？

....

....

....

....

450. 描写生活中的一个片段，要求细节讲到"飘进水杯里的飞絮"。

....

....

....

....

451. 作为朋友或家人，如何帮助一个最近曾发作的精神病人？

452. 如果有任意门，你最想去哪里旅行？为什么？

453. 怀疑自己是外星人，你要怎么证明？

454. 从一位母亲的角度出发，给自己十恶不赦的儿子写一篇传记。

455. 一个嫌疑人长得很丑，警察会如何描述这个嫌疑人？

....

....

....

....

....

456. 把你喜欢的一段文学描述改写成一首诗。

....

....

....

....

....

457. 把上面那首诗重新改写成散文。

....

....

....

....

....

458. 许一个明年你想达成的心愿。

459. 描写你爸妈的结婚照。

460. 描述一场输掉的比赛。

461. 如何与爱宠体面地告别？

462. 列出你最常看见的二十样东西。

463. 这二十样东西分别会让你联想到世界上的其他什么事物？

464. 描述一只你从没有养过的宠物，它可以是任何动物。

465. 两个人正从法院走出来,他们是什么关系? 他们之间发生了什么事情?

466. 为一个你经常见但不熟悉的人，比如快递员、邻居或者便利店的老板，写一首诗，想象他的生活是怎样的。

467. 如果你的公司正面临资金不足的状况，很快给员工发不起薪水了。这时候你有两个选择：一是每人降薪 15%，二是开除 15% 的员工。你会选择哪种做法？说明原因。

468. 描述你童年时期发生的三件趣事。

469. 回忆一下对你有重要意义的地方，例如一条河、一片树林、一个公园。用十分钟，写出这个地方的尽可能多的细节。

....

....

....

....

....

....

....

....

470. 围绕上述这些细节，写一个小故事。

....

....

....

....

....

....

....

....

471. 请评论《诗经》中的任何一首诗。

472. 如果重返你曾就读的学校，可能会发生什么故事？

473. 抛开兴趣爱好不谈，第一本真正让你震撼的书是什么？

474. 小时候你有过什么藏身之处或让你感觉安全的地方吗？它是什么样的？你为什么去那里？

....

....

....

....

....

....

....

475. 控诉你的老板，但不要使用任何明确表达愤怒的词语。

....

....

....

....

....

....

....

476. 用几种不同的感官体会来描述孤独，如触觉、听觉、味觉等。

477. 在报纸或杂志上选一篇简短的文章，将其中一个场景展开成一个新的故事。

478. 你发明了一种新型饮料，它看上去怎样？尝起来如何？

479. 找一个僻静的地方，坐下来，安静地聆听四周的声音，然后根据声音去描述发出声音的人或物体。

480. 围绕生活中一件根本不可能发生的事情写一个小故事，如一个人开着一辆没有发动机的车子到达了西藏。

....

....

....

....

481. 想象一下你的影子拥有什么智慧？它能教给你什么？

....

....

....

....

482. 在雪天的树林里，你最想和谁一起散步？你们会讨论些什么呢？

....

....

....

....

483. 描写一条从天而降的鱼。

484. 工作中你最讨厌的是什么？

485. 你的人生信条是什么？

486. 描述你交过的"最蠢的智商税"。

487. 曾在迷茫时给你力量的一句话是什么?

....

....

....

....

....

488. 如果可以进入游戏世界,你想在哪款游戏里生活?为什么?

....

....

....

....

489. 关于愤怒,你可能会想到火、红色、尖叫、暴躁、碰撞,将其中一
个词语融入你虚构的场景之中。

....

....

....

....

....

490. 某天早上起来你失忆了，忘记了自己是谁，想象下你今后该怎么生活。

491. 以记者的身份，去一家餐厅卧底，然后写一篇评论。

492. 针对同一个物体，想出十个比喻（包括明喻和暗喻），描写这个物体存在的状态。

493. 列举长大后的三个好处。

494. 列举做孩子的三个好处。

495. 你会如何度过写作瓶颈期？

496. 关于未来，你最担心的是什么？

497. 想象有两个人在进行对话，他们可能在谈论另一个人，也可能遇到了困难，将对话写下来。

498. 根据以上两人的对话，思考他们有什么样的过去。

499. 海水被抽干了，地球将会是怎样的一番景象？

500. 突然发生故障的电梯里，有你的朋友、魔鬼、上帝，还有你自己，接下来会发生什么？

....

....

....

....

....

....

501. 写一封来自过去的信，重点放在时间流逝和任何能产生声音的事物上。

....

....

....

....

....

....

502. 一个年轻人正坐在高架桥上，目光呆滞，自言自语，后面会发生什么？

....

....

....

....

....

....

....

....

503. 写下你由一种食物的味道所联想到的一切。

....

....

....

....

....

....

....

....

504. 你突然看不见了，你该如何度过你的一天？这一天和之前有哪里不一样？

....

....

....

....

505. 回想一个你和他人之间的冲突，任何冲突都可以，写下你当时的感情和感官体验。

....

....

....

....

506. 现在从故事中其他人的视角，用第一人称描写这个冲突。

....

....

....

....

507. 描写一个场景，讲述两个语言不通的人如何沟通。

508. 以你生活中每天都会见到的人为故事主角，让他进行一场现实生活中根本不会尝试的冒险。

509. 苏格拉底有一句名言："我只知道一件事，那就是我什么都不知道。"你觉得这句话有什么问题?

510. 你上班是因为什么坚持的? 至少写出十条理由。

511. 一对情侣正在公园散步，这时一个男人朝他们走过来，问他们要钱，还威胁说如果不给钱，就要把他所知道的这对情侣之间的事情公之于众。由此发挥你的想象，续写故事。

512. 假如每个人都有一个伴侣，但这个人是随机匹配的，会发生什么？

513. 如果拥有瞬间移动的能力，你最想做什么？

514. 你做过什么不愿醒来的梦？

515. 选一张两人以上的照片，用三段文字来描述照片中的场景，分别从照片中两个人物的视角和照片之外第三人的视角来写。

516. 你心目中的英雄是谁？详细描述他的外貌和性格特征。

517. 如果食物之间发生战斗，你觉得什么食物最厉害？为什么？

518. 假如高铁上有个男孩主动加你微信，但过了几天你莫名其妙地被对方拉黑了，你被拉黑的原因可能是什么？

519. 回忆你做过的最不道德的一件事，用"我"的口吻叙述。

....

....

....

....

....

....

520. 从一个大四学生的视角出发，描述他在一桩酒驾事故中死亡的过程。

....

....

....

....

....

521. 描述乘坐公共交通工具时，让你感觉丢脸的一件事。

....

....

....

....

....

522. 去一幢建筑物内，从你周围任意挑选一个不会注意到你的人，快速记下你对此人的印象，并写下来。

....

....

....

....

....

523. 用"吻"和"禁忌"两个关键词写一个小故事。

....

....

....

....

....

524. 这个世界上如果没有镜子以及其他能照出容貌的物体，你的生活将会怎样？

....

....

....

....

525. 找三个你所熟悉的人，询问发生在他们身上最戏剧性的事情是什么，从中挑选一个回答，根据回答写一个场景。

526. 假如你是上帝，你最想做什么？描述你的一天。

527. 一天，父子二人走在街上，遇到了一个穿着奢华服装的女性。儿子不屑地说："这种人肚子里一定没学问！"作为父亲,你该如何教育自己的孩子?

528. 设想一个场景，以"对不起，但是"为开头，写一个故事。

529. 考古队到沙漠考古，发现一个墓碑，上面刻着这样一段话："我曾经是一个伟大的国王。在我的一生中，前八分之一是快乐的童年……"后面是残缺的，将省略的部分补充完整。

530. 描述你最想忘记的事。

531. 描述你最显著的特质。

532. 喜欢一个人是什么感觉?

533. 描述你印象中的秋日黄昏是什么样子的。

534. 你现在身处阿那亚，住在海边的别墅里，你最想在那里做什么？

....

....

....

....

....

....

....

535. 用内心独白的方式，让一个人去陈述他多么喜欢或讨厌现在的工作。

....

....

....

....

....

....

....

536. 描写一场灾难性的大火。

537. 描写一场引发暴力的辩论。

538. 描述你迄今为止最大的成果。

539. 制订一个改造世界的计划。

540. 选择一件你喜爱的物品，赋予它情感和行为，将它写入你的故事中。

541. 闭上眼睛，想象回到你居住过的地方。记下你所见到的每一样东西，所闻到的每一种气味，所听到的每一个声音。

542. 上个星期五晚上，你在做什么？用具体的细节描述你所在的地方。

....
....
....
....
....

543. 用十句话描述一个场景，每句话不超过十个词。

....
....
....
....
....

544. 描写你生命中的某个小场景，比如第一次约会、第一次接吻、第一
次受到惊吓、第一次结婚。

....
....
....
....

545. 以"浴缸""艺术家""自杀"为关键词，描述一个场景。

546. 如果其他人的时间静止两年，只有你能动，你会做什么？

547. 你想拥有一款什么样的机器人？希望它能为你做些什么？

548. 描述一次浪漫的分手：一方想冲出爱情的围城，另一方却不愿意。

549. 一个丈夫，发现自己的妻子和自己的好朋友在热吻，他会有何反应？把他的所有思想活动都写下来。

550. 你手机播放列表里的第一首歌是什么？它是什么风格的？

551. 尝试发明五个网络新词语，并解释它们的意思。

552. 描写世界上最古老的生物。

553. 描述一只会读心术的猫。

554. 苏东坡吃到现在的食物，会给出什么评价？

....

....

....

....

....

555. 想象一下，被人用枪指着脑袋时，你会如何自救？

....

....

....

....

556. 两个同学因为一个词的意思发生争吵，最后查阅了字典，发现两个人都错了，然后他们开始争论谁更趋近正确答案。写下他们的对话。

....

....

....

....

557. 列举至少三个上星期网络热搜的话题。

558. 畅想十五年后的热搜话题。

559. 描述一幅你喜欢的书画作品。

560. 列举一则让你印象深刻的广告语。

561. 写下你想对爸爸说的话。

562. 写下你想对妈妈说的话。

563. 你喜欢收集什么东西？

564. 论述李白对唐诗的贡献。

565. 假设三百年后人类将在月球上面建造城市，描述其场景。

566. 某天，一个已婚女人突然收到了一封匿名信，信中放着的是几张照片，上面是她的老公正在和一名年轻女子接吻。给这个故事续写一个结尾。

567. 相恋八年的情侣终于结束爱情长跑，但婚礼前一个月，男方被查出癌症晚期。他想取消婚约，他要如何告知女方这件事？

567. "我过去常常拼命工作。一天工作十五个小时，一周工作七天。但是我并没有挣到大钱，直到我的工作时间减少很多之后，我……"请续写故事。

....

....

....

....

568. 你们高中学校的风云人物现在怎么样了？

....

....

....

....

569. 你是"微博入殓师"，为一个逝者发条微博。

....

....

....

....

570. 写一段发生在海边的记忆。

571. 给此刻你想到的人写三行诗。

572. 你觉得外祖母床下的神秘盒子里放了什么？

573. 你觉得世界上最糟糕的工作是什么？

574. 写一件让你抓狂的事。

575. 写一则产品召回公告。

576. 为你家乡的特产写一条广告。

577. 形容一下青草的味道。

578. 下周就是母亲节了，给你妈妈写首诗。

579. 下周就是父亲节了，给你父亲写首诗。

580. 描述你想象中的外星人长什么样，并画下来。

....

....

....

....

....

581. 一个最不可能辞职的员工提出离职，是因为什么？

....

....

....

....

....

582. 你在大型内衣连锁店工作，如果必须把一款新上市的内衣卖给一位
男士，你会如何销售？

....

....

....

....

....

583. 你会如何表达愤怒和自我排解呢？

584. 你被邻居举报了，你可能做了什么？

585. 帮助一个贫困国家的最好办法是什么？

586. 如果有机会给 1950 年的科学界传达一句话，你会选择说什么？

587. 如果有一天,《流浪地球》里的情形成真了,你会如何拯救世界?

589. 一条公路上,一辆运钞车上突然掉下一袋现金,你会怎么办?

590. 你星期一感觉如何?

591. 星期五闻起来是什么味道的?

592. 你被逮捕了，那个导致你身陷囹圄的罪名是什么？

593. 过来人给过你最好的建议是什么？

594. 你在路上遇到了一只宠物，它是什么样的？它的主人又有什么特点？

595. 五个小朋友分一块蛋糕，只准切三刀，你该怎样平分蛋糕？

596. 想象古代最受欢迎的零食有哪些？

597. 你喜欢奶茶还是咖啡,为什么?

598. 你朋友剪了个糟糕的发型,很难过,你该如何安慰他?

599. 如果要你给十二个星座重新命名,你会给它们取什么名字?

600. 童年时期你最想得到却没有得到的东西是什么？

601. 当你坐着车从城市上空飞过的时候，你看到了什么？

602. 你同时拥有杂志编辑、脱口秀节目主持人、新闻评论员等多个身份，这些工作各不相同，你最喜欢的是哪一个身份？工作中最有成就感的一刻是什么样的？

....

....

....

....

603. 用三个词来形容自己，会是什么？为什么？

....

....

....

....

....

604. 一天，你和男友乘坐游艇出海游玩。突然，一条鲨鱼游过来，围着游艇转。你们无法开动游艇，因为很可能被鲨鱼撞翻。你们该如何摆脱鲨鱼？

....

....

....

....

605. 如果你突然有了超能力，能够改变现在世界上的一件事，你最希望改变的是什么？

....

....

....

....

....

....

....

....

606. 把你的生活写成新闻故事，你会选择什么标题？

....

....

....

....

....

....

....

....

607. 用一两句话，向你 8 岁大的侄女解释什么是人工智能。

608. 蝙蝠侠和超人打架，你怎么劝架？

609. 你的思想是什么颜色的？为什么？

610. 二百年后,人类的烦恼是什么?

611. 下水道的盖子为什么是圆的？请列出五个理由。

612. 你是浮游生物，生命极其短暂，但有着人类的大脑和思维。在你短暂的一生中，你会做些什么？

613. 下辈子，你希望成为一个什么样的人？为什么？

....

....

....

....

....

614. 死刑犯在被执行死刑前，最想说的是什么？

....

....

....

....

615. 新闻频道最近雇用了一个会讲 rap 的主持人，今天的新闻会是什么
样的？

....

....

....

....

616. 你小时候的梦想是什么？

617. 现在呢？

618. 中国神话故事里让你印象深刻的人物是谁？写下你对他的印象。

619. 你是老板，要辞退一名高管。他是名牌大学理工科毕业，理性思维能力很强，但是他的绩效非常不理想。你要怎么写一封辞退信？

620. 收到辞退信后，他有什么反应？

621. 你在出租车上听到过什么有趣的故事？

622. 你最早接触的图画书或故事书是什么？

623. 你会如何定义自己？

624. 你会如何定义浪漫？

625. 你认为《水浒传》里最悲剧的人物是谁？为什么？

626. 你被邀请参加一档恋爱真人秀节目，你为什么拒绝？

627. 你请病假去面试，结果在面试公司遇到了现在的老板。描述其场景。

628. 这里是"119"，请问你遇到了什么情况？

....

....

....

....

629. 消防员接到一个小朋友的报警电话，小朋友问："我们真的每天都要学习吗？"接警员该如何回答？

....

....

....

....

630. 跨年演唱会上,现场出现了一个直播事故：因为工作人员在调试设备，直播现场超过半分钟没有声音。你作为主持人，该如何救场？

....

....

....

....

631. 你身边自律的人是什么样子的?

632. 你觉得自己的心理年龄是多少?说说原因。

633. 莫言的哪一部作品给你印象最深?为什么?

634. 描述一下你的第一部手机。

635. 明天就是你好朋友的生日，你要如何给他制造一场惊喜？

636. 如果玩真心话大冒险，你会选择什么方式搞怪？

637. 你会因为什么决定和一个人结婚？

638. 假如你和下面这种人结婚，请写下你的婚礼誓言：你的高中同桌或一个陌生人或一个花心爱玩的人或一个爱你的人。

639. 一个和你斗了一辈子的人得了癌症，写一段话安慰他，鼓励他振作起来。

640. 如果一天只有六小时，你会怎么度过这一天？

641. 用约一百四十个字形容一道菜特别难吃。

642. 为大自然写一段诗。

643. 苹果酱的味道让你想起什么？

644. 巧克力的味道让你想起什么？

645. 爆米花的味道让你想起什么？

646. 如果你的狗会说话，描述你和它的对话。

....

....

....

....

....

647. 分别用一句话介绍以下电影:《怦然心动》《肖申克的救赎》《海上钢琴师》《实习生》。

....

....

....

....

648. 刚下班回到家，你的对象打电话跟你说:"一切都结束了，今晚我就会离开这座城市。"这时你脑海中闪现的第一个念头是什么?

....

....

....

....

....

649. 如何快速毁掉一段友谊？

650. 描述火星撞上地球的场景。

651. 你认为夏天最不能缺少的三样东西是什么？

651. 人类登陆火星后，和地球打的第一通电话会说些什么？

653. 你是故宫里的一只猫，描述一下你看到的四季。

....

....

....

....

....

....

654. 你家里突然来了一位不速之客，他究竟是谁？有什么故事？

....

....

....

....

....

655. 在海里潜水时，你捡到了一个漂流瓶，瓶中有一封信，上面写着什么？

....

....

....

....

....

656. 在威尼斯电影节上，你获得了最佳男（女）主角奖，你的获奖感言是什么？

657. 给你十块钱，你会去菜市场买些什么？

658. 描述你最讨厌的味道。

659. 描述你的一日三餐。

660. 描述你经历过的最荒诞的真实事件。

661. 最近一个月发生了什么好事？